Impressum
Verlag: BABADADA GmbH, Nedderfeld 112 , 22529 Hamburg
Geschäftsführer / Verlagsleitung: Harald Hof
Druck: Books on Demand GmbH, In de Tarpen 42, 22848 Norderstedt

Imprint
Publisher: BABADADA GmbH, Nedderfeld 112 , 22529 Hamburg, Germany
Managing Director / Publishing direction: Harald Hof
Print: Books on Demand GmbH, In de Tarpen 42, 22848 Norderstedt, Germany

школа
okul

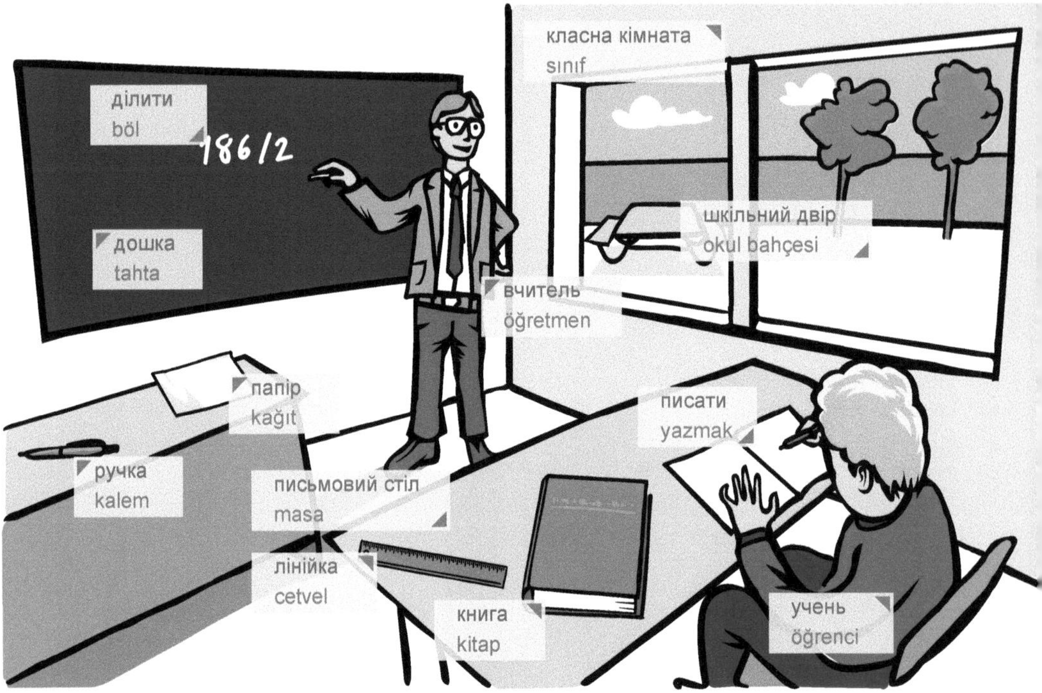

класна кімната
sınıf
ділити
böl
186/2
дошка
tahta
шкільний двір
okul bahçesi
вчитель
öğretmen
папір
kağıt
писати
yazmak
ручка
kalem
письмовий стіл
masa
лінійка
cetvel
книга
kitap
учень
öğrenci

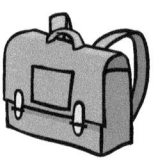

ранець
okul çantası

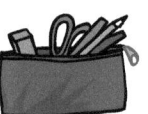

пенал
kalemlik

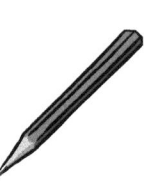

олівець
kurşun kalem

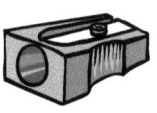

точило
kalem açacağı

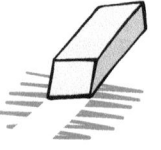

гумка
silgi

альбом для малювання
çizim defteri

малюнок

çizim

пензель

resim fırçası

коробка фарб

boya kutusu

ножиці

makas

клей

tutkal

зошит

alıştırma kitabı

домашнє завдання

ödev

число

sayı

додавати

ekle

віднімати

çıkar

множити

çarp

рахувати

hesapla

літера

harf

абетка

alfabe

слово

kelime

текст
metin

читати
okumak

крейда
tebeşir

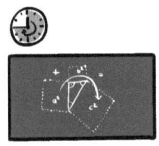

година
ders

класний журнал
kayıt

екзамен
sınav

диплом
sertifika

шкільна форма
okul forması

освіта
eğitim

лексикон
ansiklopedi

університет
üniversite

мікроскоп
mikroskop

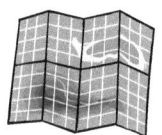

карта
harita

кошик для паперу
kağıt çöp kutusu

подорож

seyahat

готель
otel
Grand
турбаза
pansiyon
ROOMS
EXCHANGE
обмінний пункт
döviz bürosu
валіза
bavul
автомобіль
otomobil

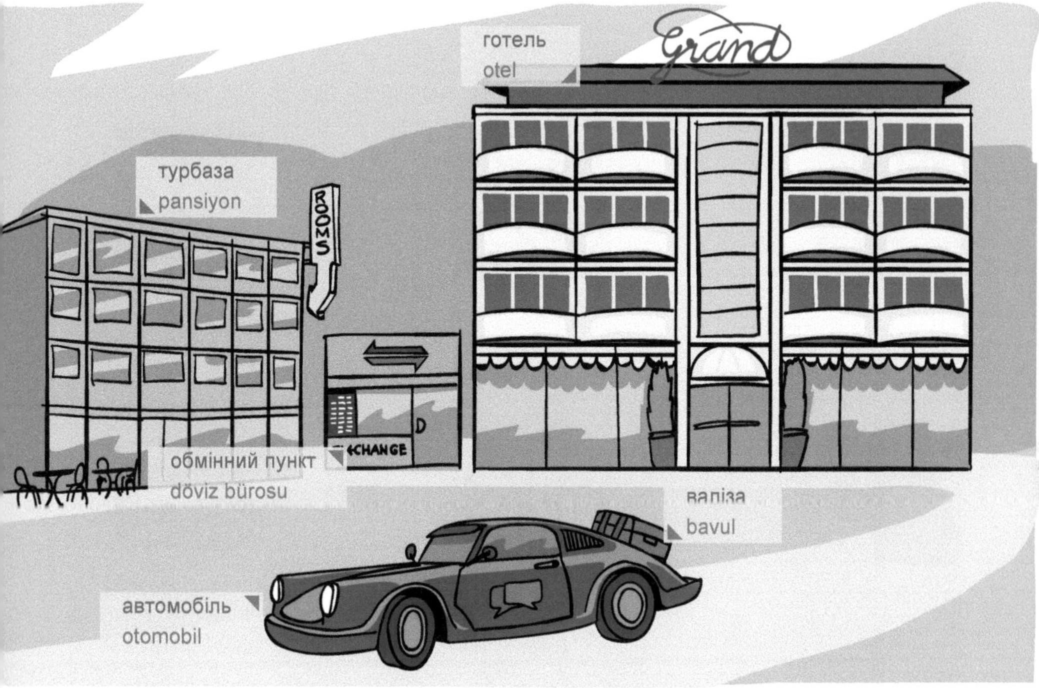

мова

dil

так / ні

evet / hayır

добре

Tamam

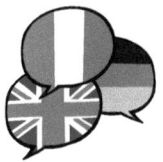

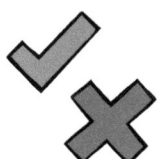

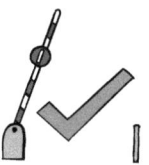

привіт

merhaba

перекладач

çevirmen

дякую

Teşekkür ederim

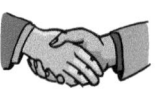

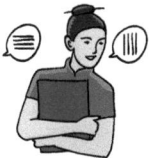

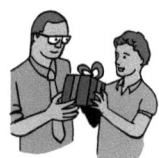

Скільки коштує ...?

bu ... ne kadar?

Я не розумію

anlamadım

проблема

problem

Добрий вечір!

İyi akşamlar!

Доброго ранку!

Günaydın!

На добраніч!

İyi geceler!

До побачення

güle güle

напрямок

yön

багаж

bagaj

сумка

çanta

рюкзак

sırt çantası

гість

misafir

кімната

oda

спальний мішок

uyku tulumu

намет

çadır

туристична інформація

turist danışma

пляж

sahil

кредитна картка

kredi kartı

сніданок

kahvaltı

обід

öğle yemeği

вечеря

akşam yemeği

квиток

Bilet

ліфт

asansör

поштова марка

pul

межа

sınır

митниця

gümrük

посольство

elçilik

віза

vize

паспорт

pasaport

транспорт
ulaşım

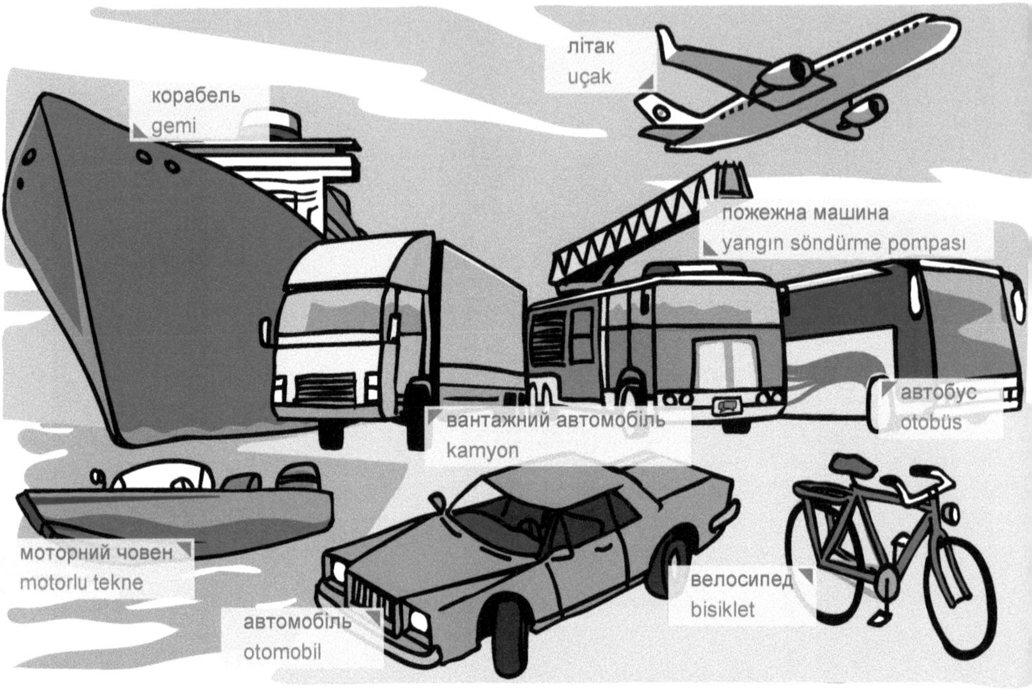

літак
uçak
корабель
gemi
пожежна машина
yangın söndürme pompası
автобус
otobüs
вантажний автомобіль
kamyon
моторний човен
motorlu tekne
велосипед
bisiklet
автомобіль
otomobil

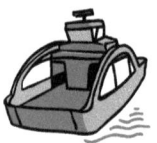

пором
feribot

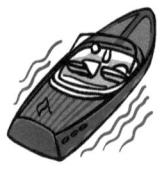

човен
bot

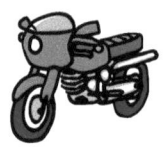

мотоцикл
motosiklet

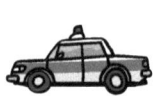

поліцейська машина
polis arabası

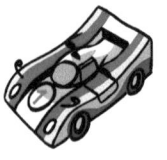

гоночний автомобіль
yarış arabası

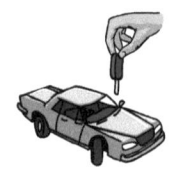

автомобіль на прокат
kiralık araba

спільне користування авто

ortak araba

евакуатор

çekici

сміттєвоз

çöp kamyonu

двигун

motor

паливо

yakıt

автозаправна станція

benzinlik

дорожній знак

trafik işareti

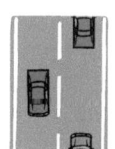

рух

trafik

затор

trafik sıkışıklığı

стоянка

otopark

вокзал

tren istasyonu

рейки

ray

потяг

tren

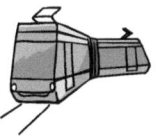

трамвай

tramvay

вагон

vagon

гелікоптер

helikopter

аеропорт

havaalanı

вежа

kule

пасажир

yolcu

контейнер

konteyner

коробка

koli

візок

yük arabası

кошик

sepet

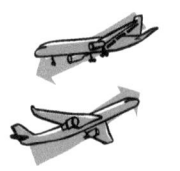

стартувати / приземлятися

kalkış / iniş

місто

şehir

село

köy

центр міста

şehir merkezi

дім

ev

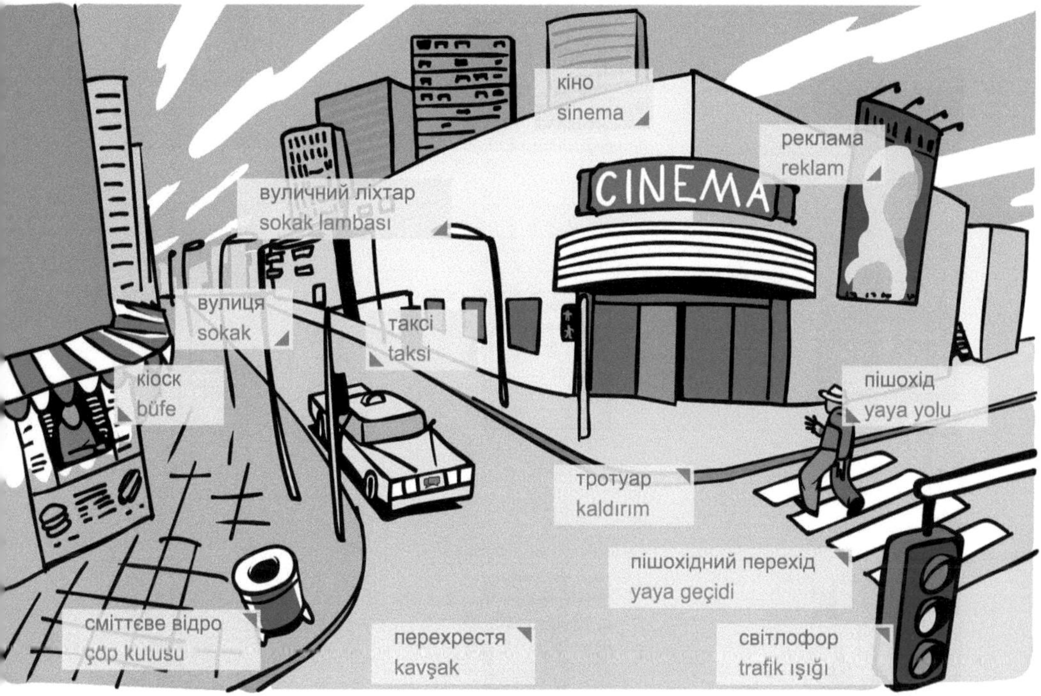
кіно
sinema
CINEMA
реклама
reklam
вуличний ліхтар
sokak lambası
вулиця
sokak
таксі
taksi
кіоск
büfe
пішохід
yaya yolu
тротуар
kaldırım
пішохідний перехід
yaya geçidi
сміттєве відро
çöp kutusu
перехрестя
kavşak
світлофор
trafik ışığı

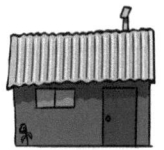

хатина

kulübe

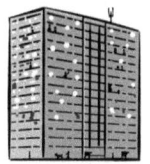

квартира

apartman dairesi

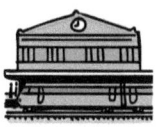

вокзал

tren istasyonu

ратуша

belediye binası

MUSEUM

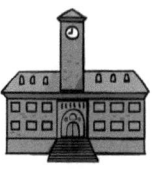

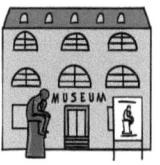

музей

müze

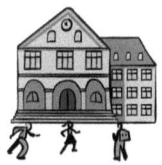

школа

okul

університет
üniversite

банк
banka

лікарня
hastane

готель
otel

аптека
eczane

офіс
ofis

книжковий магазин
kitapçı

магазин
mağaza

квітковий магазин
çiçekçi

супермаркет
süpermarket

ринок
market

універмаг
büyük mağaza

торговець рибою
balık satıcısı

торговельний центр
alışveriş merkezi

гавань
liman

парк

park

лава

bank

міст

köprü

сходи

merdiven

метро

metro

тунель

tünel

автобусна зупинка

otobüs durağı

бар

bar

ресторан

restoran

поштова скринька

posta kutusu

вулична табличка

sokak tabelası

лічильник паркування

otopark sayacı

зоопарк

hayvanat bahçesi

басейн

yüzme havuzu

мечеть

cami

ферма
çiftlik

забруднення
навколишнього
середовища
kirlilik

кладовище
mezarlık

церква
kilise

дитячий майданчик
oyun alanı

храм
tapınak

ландшафт
arazi

листок
yaprak

вказівний стовп
yön tabelası

шлях
yol

луг
çayır

камінь
taş

дерево
ağaç

мандрівник
yürüyüşçü

річка
ırmak

трава
çimen

квітка
çiçek

долина

vadi

гора

tepe

озеро

göl

ліс

orman

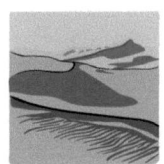

пустеля

çöl

вулкан

volkan

замок

kale

веселка

gökkuşağı

гриб

mantar

пальма

palmiye

комар

sivrisinek

муха

sinek

мурашка

karınca

бджола

arı

павук

örümcek

жук

böcek

жаба

kurbağa

вивірка

sincap

їжак

kirpi

заєць

yabani tavşan

сова

baykuş

птах

kuş

лебідь

kuğu

кабан

yaban domuzu

олень

geyik

лось

geyik

гребля

baraj

вітряк

rüzgar türbini

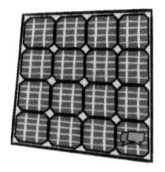

сонячний модуль

güneş paneli

клімат

iklim

офіціант
garson

меню
menü

стілець
sandalye

суп
çorba

піца
pizza

столові прилади
çatal - bıçak

скатертина
masa örtüsü

закуска
başlangıç

друга страва
ana yemek

десерт
tatlı

напої
içecekler

їжа
yemek

пляшка
şişe

фаст-фуд

fastfood

вулична їжа

sokak yemeği

чайник

çaydanlık

цукорниця

şekerlik

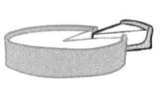

порція

porsiyon

еспресо-машина

espresso makinesi

високий стільчик

mama sandalyesi

рахунок

fatura

піднос

tepsi

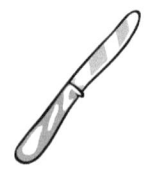

ніж

bıçak

вилка

çatal

ложка

kaşık

чайна ложка

çay kaşığı

серветка

servis peçetesi

склянка

bardak

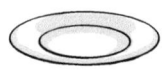

тарілка

tabak

тарілка для супу

çorba kasesi

блюдце

fincan altlığı

соус

sos

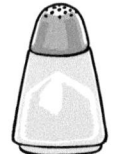

солонка

tuzluk

млин для перцю

karabiber değirmeni

оцет

sirke

масло

yağ

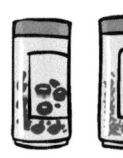

спеції

baharat

кетчуп

ketçap

гірчиця

hardal

майонез

mayonez

супермаркет
süpermarket

пропозиція
özel teklif
FOR
клієнт
müşteri
молочні продукти
süt ürünleri
фрукти
meyve
візок для покупок
alışveriş arabası

BUTCHERS

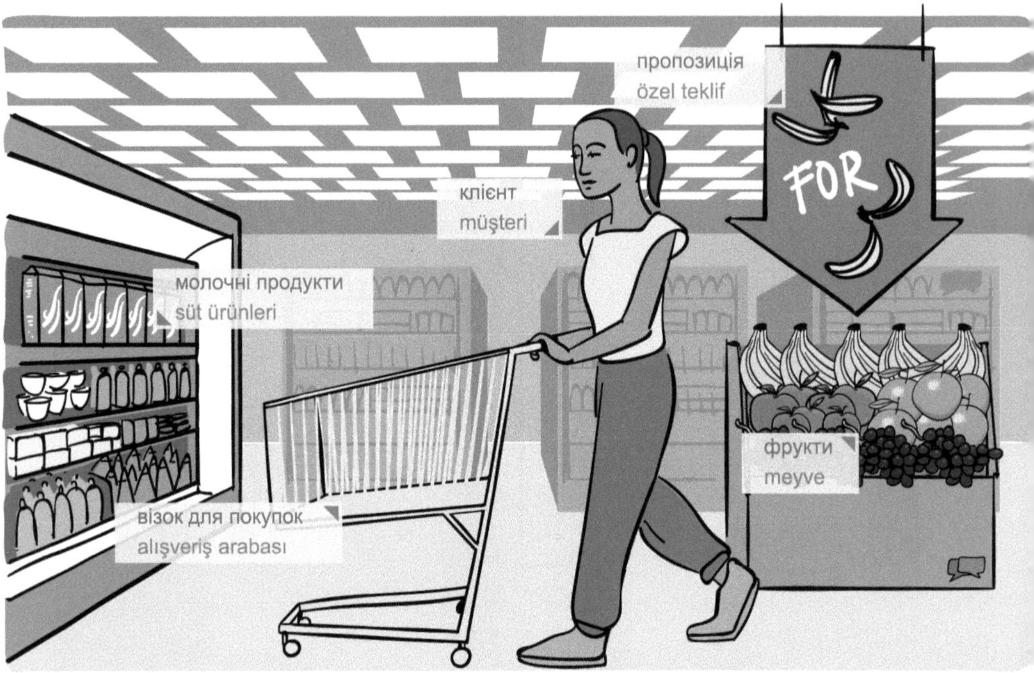

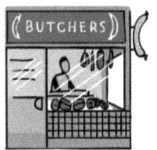

м'ясний магазин

kasap

BAKERY

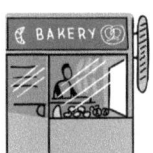

пекарня

fırın

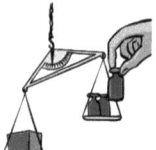

зважувати

tartmak

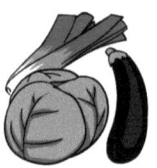

овочі

sebze

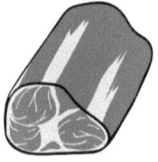

м'ясо

et

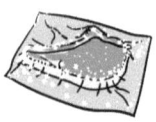

заморожені продукти

donmuş gıda

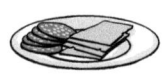

ковбасна нарізка

söğüş et

консерви

konserve yiyecek

пральний порошок

toz deterjan

солодощі

şekerlemeler

предмети домашнього побуту

ev temizlik ürünleri

мийний засіб

temizlik ürünleri

продавщиця

satış görevlisi

каса

yazar kasa

касир

kasiyer

список покупок

alışveriş listesi

часи роботи

açılış saatleri

гаманець

cüzdan

кредитна картка

kredi kartı

сумка

çanta

поліетиленовий пакет

plastik poşet

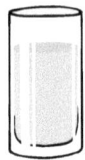

вода

su

сік

meyve suyu

молоко

süt

кола

kola

вино

şarap

пиво

bira

алкоголь

alkol

какао

kakao

чай

çay

кава

kahve

еспресо

espresso

капучіно

kapuçino

банан

muz

яблуко

elma

апельсин

portakal

кавун

kavun

лимон

limon

морква

havuç

часник

sarımsak

бамбук

bambu

цибуля

soğan

гриб

mantar

горішки

çerez

локшина

makarna

спагеті

spagetti

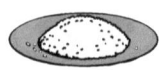

рис

pirinç

салат

salata

картопля фрі

cips

смажена картопля

patates kızartması

піца

pizza

гамбургер

hamburger

бутерброд

sandviç

шніцель

şinitzel

шинка

pastırma

салямі

salam

ковбаса

sosis

курка

tavuk

печеня

rosto

риба

balık

вівсяні пластівці

yulaf ezmesi

мюслі

müsli

кукурудзяні пластівці

mısır gevreği

борошно

un

круасан

kruvasan

булочка

küçük ekmek

хліб

ekmek

тостовий хліб

tost

печиво

bisküvi

масло

tereyağı

сир

kaymak

пиріг

kek

яйце

yumurta

яєчня

sahanda yumurta

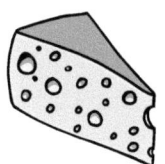

сир

peynir

морозиво

dondurma

цукор

şeker

мед

bal

мармелад

reçel

нуга-крем

fındık ezmesi

карі

köri

ферма
çiftlik

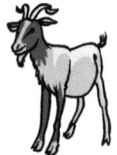

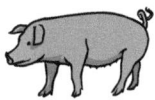

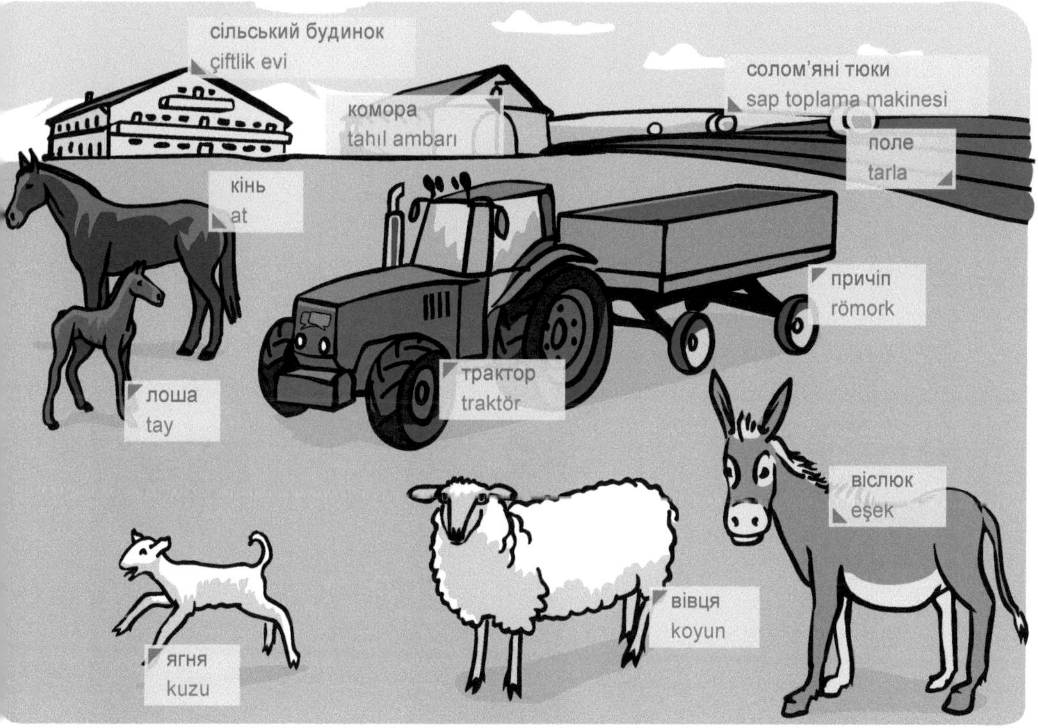

сільський будинок
çiftlik evi
комора
tahıl ambarı
солом'яні тюки
sap toplama makinesi
поле
tarla
кінь
at
причіп
römork
трактор
traktör
лоша
tay
віслюк
eşek
вівця
koyun
ягня
kuzu

коза

keçi

корова

inek

теля

buzağı

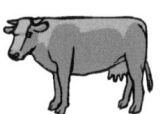

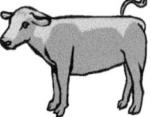

свиня

domuz

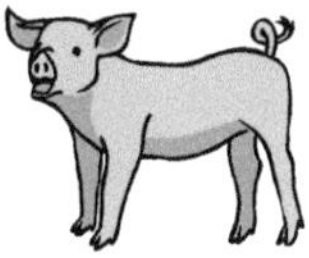

порося

domuz yavrusu

бик

boğa

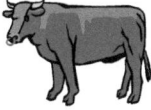

гусак

kaz

качка

ördek

курча

civciv

курка

tavuk

півень

horoz

щур

sıçan

кіт

kedi

миша

fare

віл

öküz

собака

köpek

собача будка

köpek kulübesi

садовий шланг

bahçe hortumu

лійка

sulama kabı

коса

tırpan

плуг

pulluk

серп

orak

мотика

çapa

вила

dirgen

сокира

balta

тачка

el arabası

корито

yemlik

бідон молока

süt kovası

мішок

çuval

паркан

çit

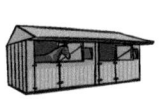

хлів

ahır

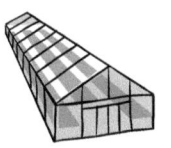

теплиця

sera

ґрунт

toprak

насіння

tohum

добриво

gübre

комбайн

biçerdöver

пожинати

hasat etmek

урожай

harman

корінь ямсу

tatlı patates

пшениця

buğday

соя

soya

картопля

patates

кукурудза

mısır

ріпак

kolza

плодове дерево

meyve ağacı

маніок

manyok

злаки

hububat

димохід
baca

дах
çatı

водостічний лоток
yağmur oluğu

вікно
pencere

гараж
garaj

дзвінок
kapı zili

двері
kapı

відро для сміття
çöp kutusu

поштова скринька
posta kutusu

сад
bahçe

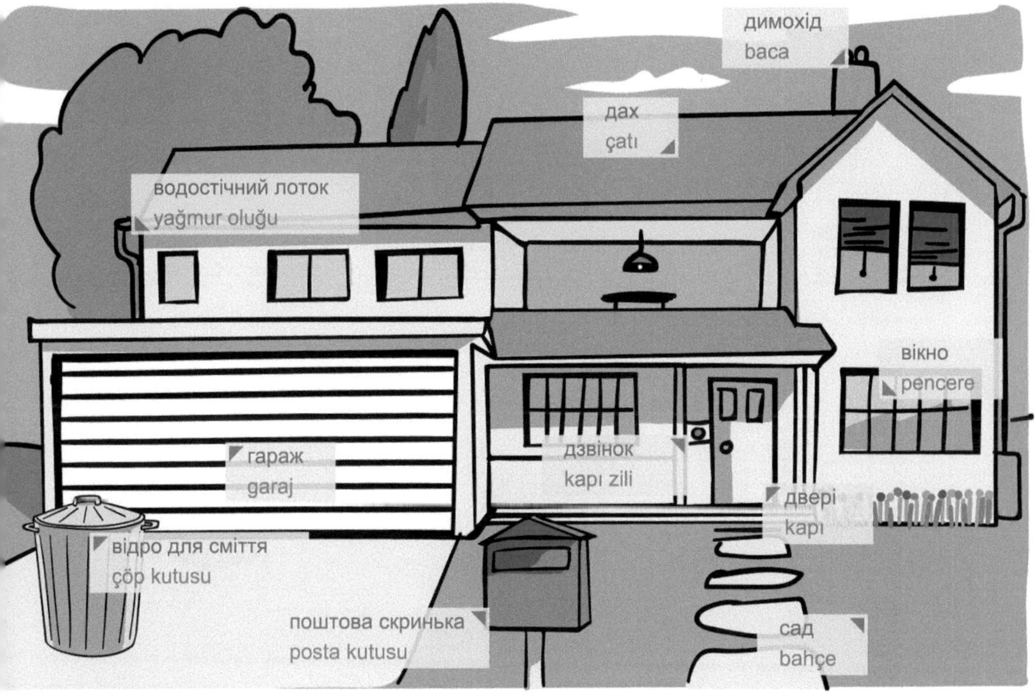

вітальня

oturma odası

ванна кімната

banyo

кухня

mutfak

спальня

yatak odası

дитяча кімната

çocuk odası

їдальня

yemek odası

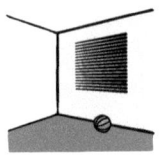

підлога

zemin

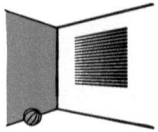

стіна

duvar

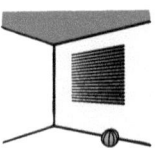

стеля

tavan

підвал

kiler

сауна

sauna

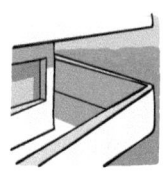

балкон

balkon

тераса

teras

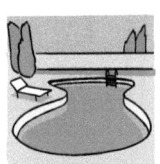

басейн

havuz

косарка

çim biçme makinesi

простирало

çarşaf

ковдра

yatak örtüsü

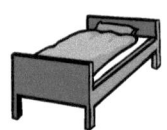

ліжко

yatak

мітла

süpürge

відро

kova

перемикач

anahtar

вітальня

oturma odası

шпалери
duvar kağıdı
малюнок
resim
лампа
lamba
поличка
raf
шафа
dolap
телевізор
televizyon
камін
şömine
квітка
çiçek
подушка
minder
диван
kanepe
ваза
vazo
пульт
uzaktan kumanda

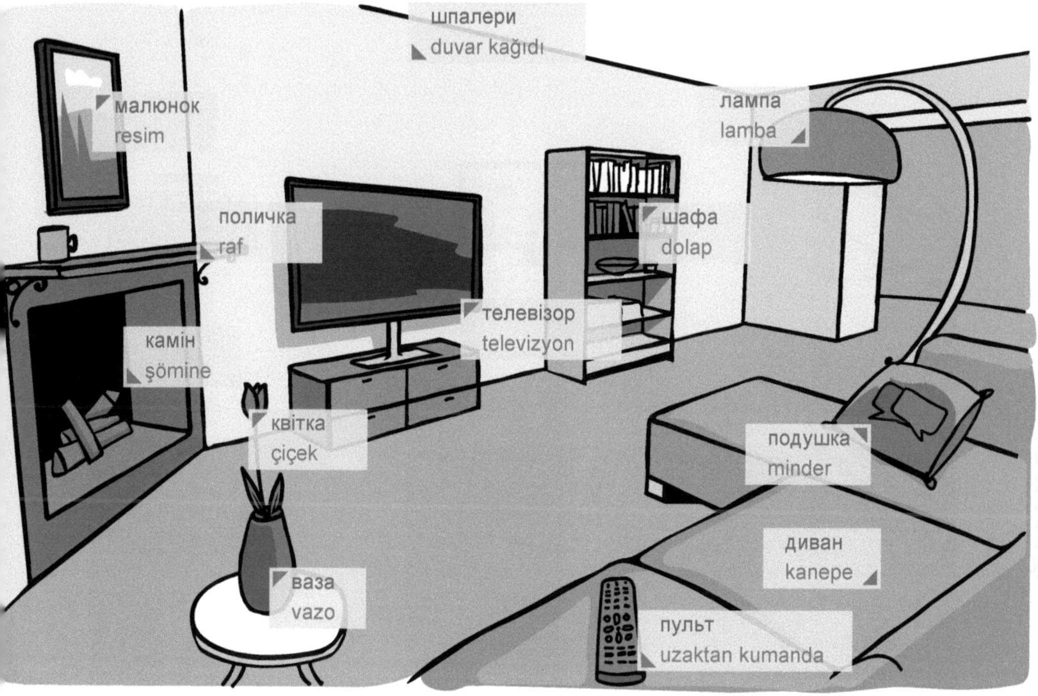

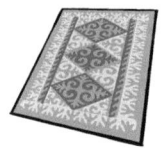

килим

halı

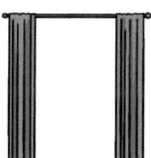

завіса

perde

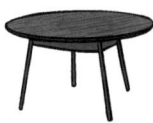

стіл

masa

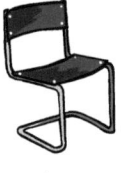

стілець

sandalye

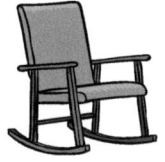

крісло-гойдалка

salıncaklı koltuk

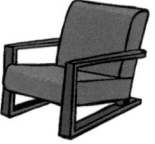

крісло

koltuk

книга

kitap

ковдра

battaniye

прикраса

dekor

дрова

odun

фільм

film

стереосистема

hi-fi

ключ

anahtar

газета

gazete

картина

tablo

плакат

poster

радіо

radyo

блокнот

defter

пилосос

elektrikli süpürge

кактус

kaktüs

свічка

mum

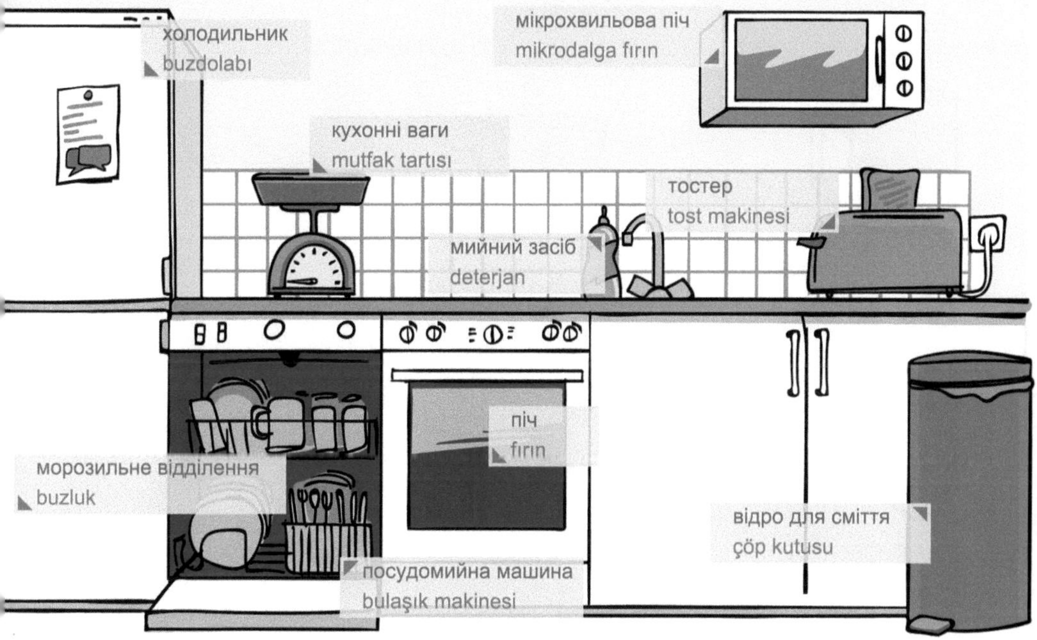

холодильник
buzdolabı

мікрохвильова піч
mikrodalga fırın

кухонні ваги
mutfak tartısı

тостер
tost makinesi

мийний засіб
deterjan

піч
fırın

морозильне відділення
buzluk

відро для сміття
çöp kutusu

посудомийна машина
bulaşık makinesi

плита

ocak

горщик

tencere

чавунний горщик

döküm tencere

вок / кадай

wok

сковорода

tava

чайник

su ısıtıcı

пароварка

buharlı pişirici

лист

pişirme tepsisi

посуд

tabak takımı

кухоль

kupa

чаша

kase

палички для їжі

çubuk (çin yemeği)

черпак

kepçe

лопатка

spatula

вінчик для збивання

çırpma teli

сито

süzgeç

сито

elek

терка

rende

ступка

havan

барбекю

barbekü

багаття

açık ateş

дошка

kesme tahtası

качалка

merdane

штопор

tirbüşon

конзерва

konserve kutusu

відкривачка

konserve açacağı

прихватки

fırın eldiveni

раковина

evye

щітка

fırça

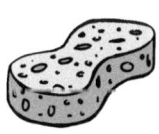

губка

sünger

міксер

blender

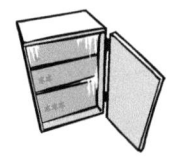

морозильна камера

derin dondurucu

дитяча пляшка

biberon

кран

musluk

ванна кімната
banyo

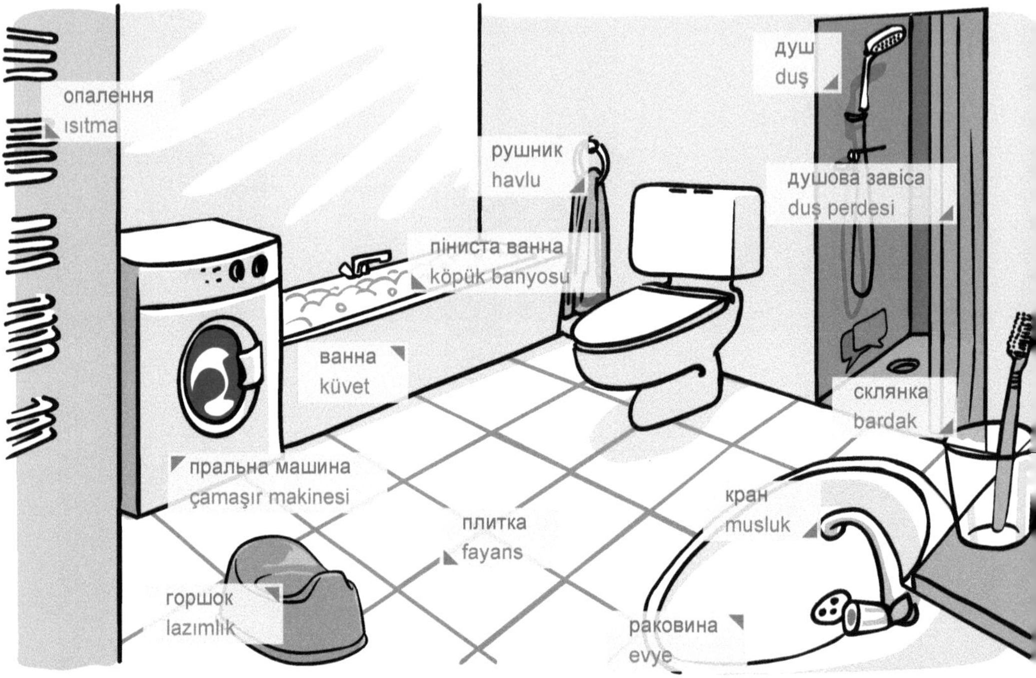

душ
duş
опалення
ısıtma
рушник
havlu
душова завіса
duş perdesi
пiниста ванна
köpük banyosu
ванна
küvet
склянка
bardak
пральна машина
çamaşır makinesi
кран
musluk
плитка
fayans
горшок
lazımlık
раковина
evye

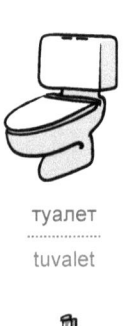

туалет

tuvalet

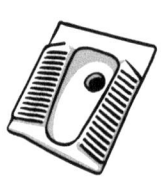

підлоговий туалет

alaturka tuvalet

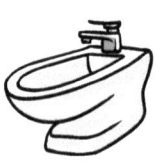

біде

bide

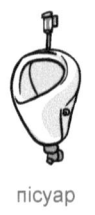

пісуар

pisuvar

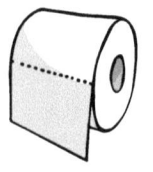

туалетний папір

tuvalet kağıdı

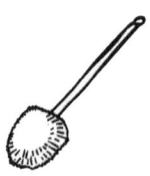

щітка для туалету

tuvalet fırçası

зубна щітка

diş fırçası

зубна паста

diş macunu

нитка для чищення зубів

diş ipi

мити

yıkamak

ручний душ

duş başlığı

інтимний душ

duş başlığı şeklinde taharet musluğu

таз

küvet

щітка для спини

banyo fırçası

мило

sabun

гель для душу

duş jeli

шампунь

şampuan

мочалка

banyo lifi

водостік

gider

крем

krem

дезодорант

deodorant

дзеркало

ayna

косметичне дзеркало

el aynası

бритва

jilet

піна для гоління

tıraş köpüğü

лосьйон після гоління

tıraş losyonu

гребінь

tarak

щітка

fırça

фен

saç kurutma makinesi

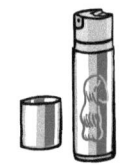

лак для волосся

saç spreyi

косметика

makyaj

губна помада

ruj

лак для нігтів

tırnak cilası

вата

pamuk

ножиці для нігтів

tırnak makası

парфум

parfüm

косметичка

makyaj çantası

табурет

tabure

ваги

tartı

халат

bornoz

гумові рукавички

lastik eldiven

тампон

tampon

гігієнічні прокладки

kadın pedi

біотуалет

kimyevi tuvalet

дитяча кімната

çocuk odası

будильник
çalar saat
м'яка іграшка
peluş oyuncak
іграшковий автомобіль
oyuncak araba
брязкальце
çıngırak
ляльковий будиночок
bebek evi
подарунок
hediye

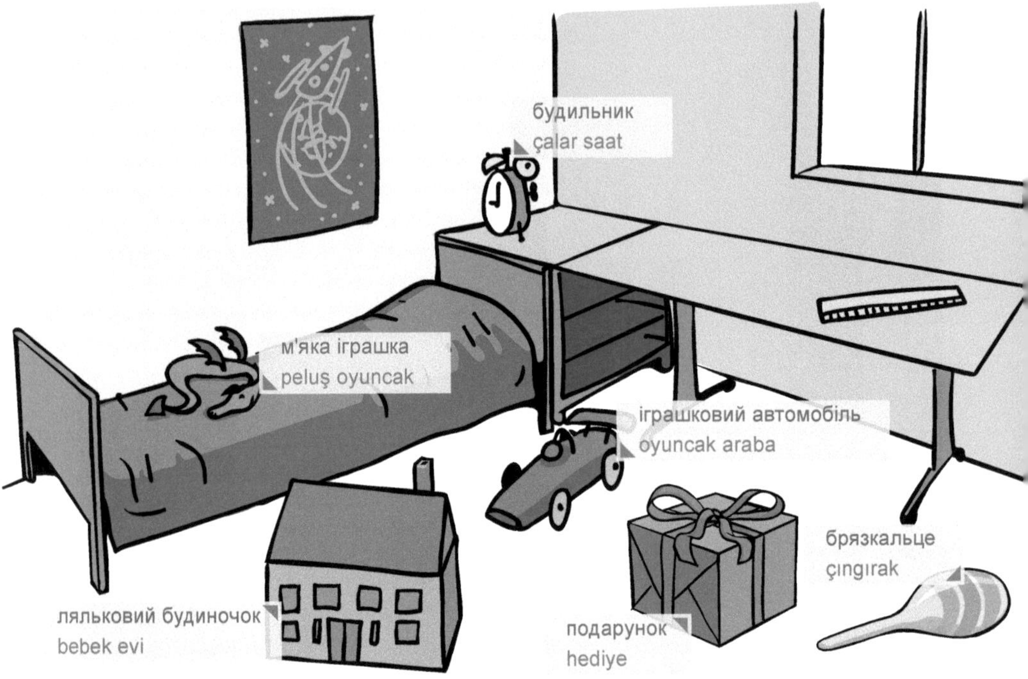

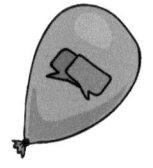

повітряна кулька
balon

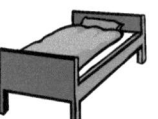

ліжко
yatak

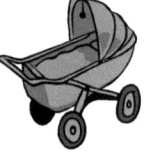

дитячий візок
bebek arabası

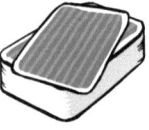

картярська гра
kart destesi

пазл
yapboz

SUPER
MEGA
комікс
çizgi roman

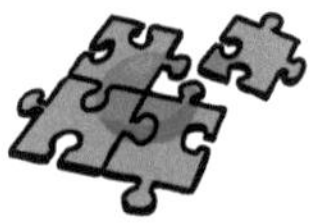

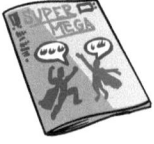

лего цеглинки

lego tuğlaları

блоки

lego blokları

іграшкова фігурка

aksiyon figürü

повзунки

zıbın

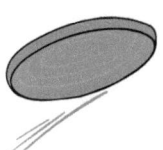

фризбі

frizbi

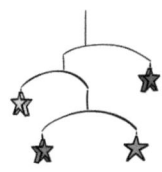

мобіле

dönence

настільна гра

masa oyunu

кубик

zar

модель залізнична станція

model tren seti

соска

emzik

вечірка

parti

книжка з картинками

resimli kitap

м'яч

top

лялька

oyuncak bebek

грати

oynamak

пісочниця

kum havuzu

гойдалка

salıncak

іграшка

oyuncaklar

гральна консоль

video oyun konsolu

триколісний велосипед

üç tekerlekli bisiklet

плюшевий мішка

oyuncak ayı

шафа

gardırop

одяг

kıyafet

шкарпетки

çorap

панчохи

külotlu çorap

колготки

tayt

шарф
eşarp

ремінь
kemer

парасоля
şemsiye

футболка
tişört

чоботи
bot

домашнє взуття
terlik

кросівки
spor ayakkabı

сандалі
sandalet

взуття
ayakkabı

гумові чоботи
lastik çizme

труси
külot

бюстгальтер
sütyen

нижня сорочка
yelek

боді
dar bluz

штани
pantolon

джинси
kot pantolon

спідниця
etek

блузка
bluz

сорочка
gömlek

пуловер
kazak

светр
süveter

піджак
blazer

куртка
ceket

пальто
mont

дощовик
yağmurluk

костюм
kostüm

сукня
elbise

весільна сукня
gelinlik

костюм

takım elbise

нічна сорочка

gecelik

піжама

pijama

сарі

sari

головна хустка

baş örtüsü

чалма

türban

бурка

burka

кафтан

kaftan

абая

çarşaf

купальник

mayo

плавки

erkek mayosu

шорти

şort

тренувальний костюм

eşofman

фартух

önlük

рукавички

eldiven

гудзик

düğme

окуляри

gözlük

браслет

bilezik

ланцюг

kolye

кільце

yüzük

сережка

küpe

шапка

kep

плічка

portmanto

капелюх

şapka

краватка

kravat

застібка-блискавка

fermuar

шолом

kask

підтяжки

pantolon askısı

шкільна форма

okul forması

уніформа

üniforma

нагрудник

mama önlüğü

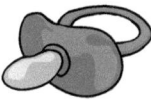

соска

emzik

підгузок

bebek bezi

офіс
ofis

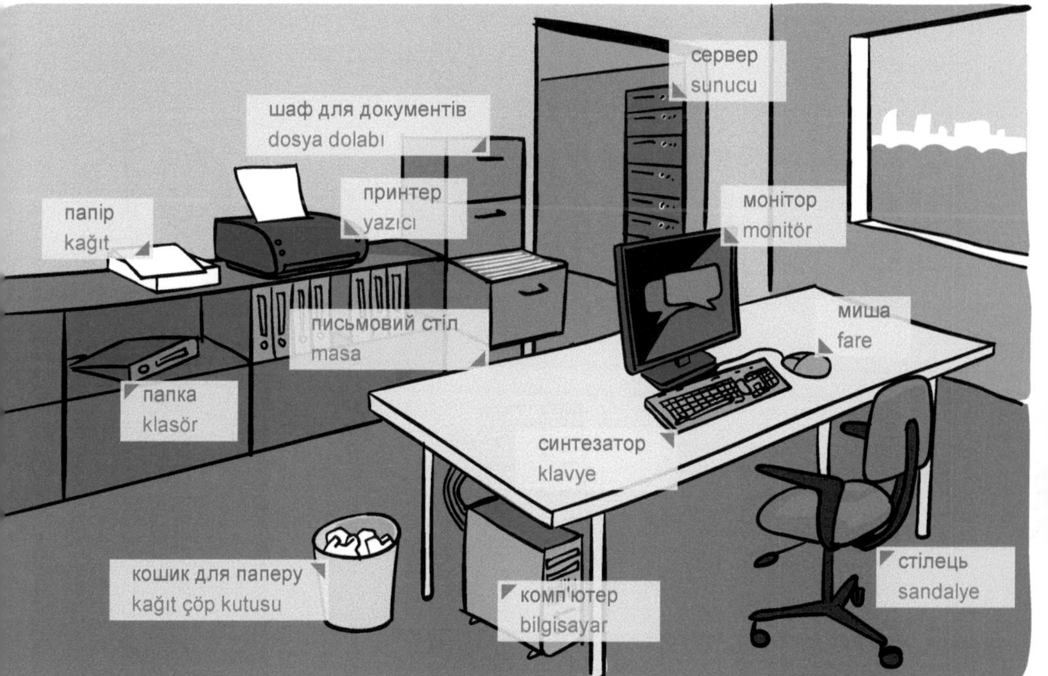

сервер
sunucu

шаф для документів
dosya dolabı

принтер
yazıcı

монітор
monitör

папір
kağıt

письмовий стіл
masa

миша
fare

папка
klasör

синтезатор
klavye

кошик для паперу
kağıt çöp kutusu

комп'ютер
bilgisayar

стілець
sandalye

кавовий кухоль

kahve fincanı

калькулятор

hesap makinesi

інтернет

internet

ноутбук

dizüstü

лист

mektup

повідомлення

mesaj

мобільний телефон

cep telefonu

мережа

ağ

копіювальний пристрій

fotokopi makinesi

програмне забезпечення

yazılım

телефон

telefon

розетка

priz

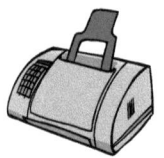

факс

faks makinesi

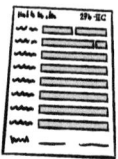

бланк

form

документ

belge

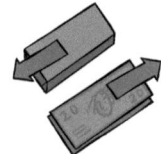

купувати

satın almak

платити

ödemek

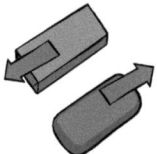

торгувати

ticaret yapmak

гроші

para

USD

долар

dolar

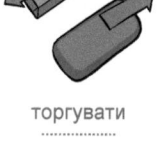
EUR

євро

avro

JPY

ієна

yen

RUB

рубль

ruble

CHF

франк

İsviçre frangı

CNY

юанів женьміньбі

Çin yuanı

INR

рупія

rupi

банкомат

kasa

обмінний пункт

döviz bürosu

золото

altın

срібло

gümüş

нафта

petrol

енергія

enerji

ціна

fiyat

контракт

kontrat

податок

vergi

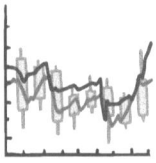

акція

menkul değer

працювати

çalışmak

працівник

işveren

роботодавець

işçi

фабрика

fabrika

магазин

mağaza

професії
meslekler

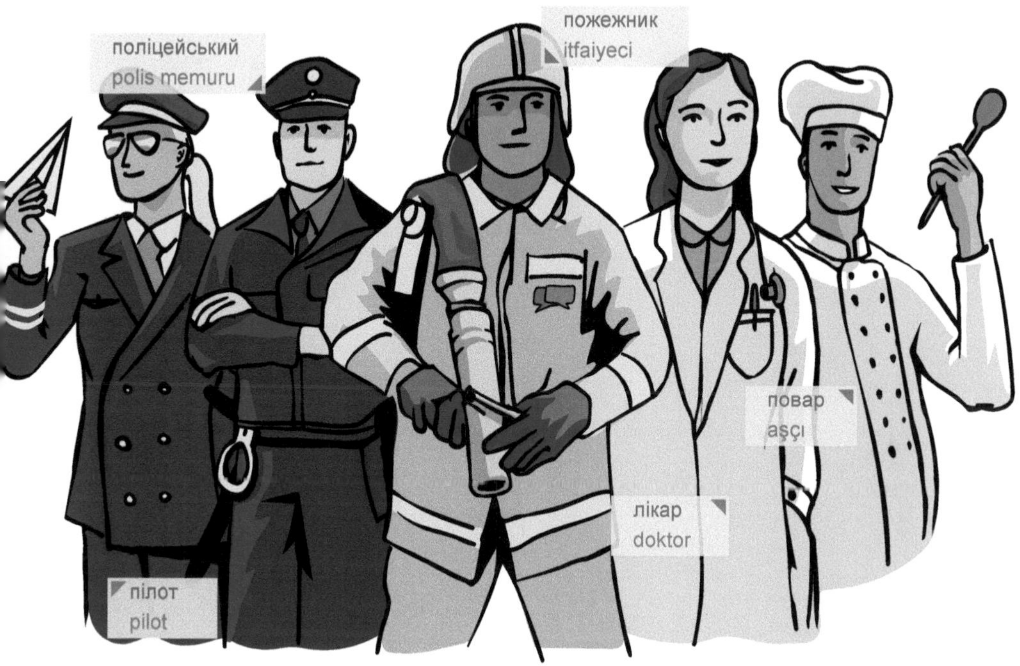

поліцейський
polis memuru
пожежник
itfaiyeci
повар
aşçı
лікар
doktor
пілот
pilot

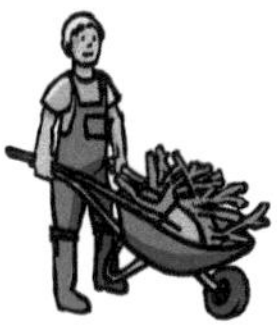

садівник

bahçıvan

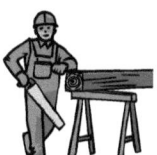

столяр

marangoz

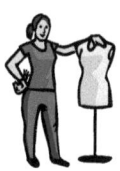

швачка

terzi

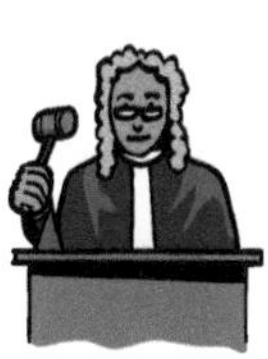

суддя

hakim

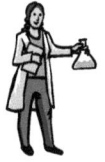

хімік

kimyager

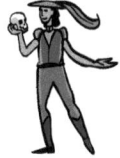

актор

aktör

водій автобуса

otobüs şoförü

таксист

taksi şoförü

рибалка

balıkçı

прибиральниця

temizlikçi

покрівельник

çatı ustası

офіціант

garson

мисливець

avcı

художник

boyacı

пекар

fırıncı

електрик

elektrikçi

будівельник

inşaatçı

інженер

mühendis

забійник

kasap

бляхар

muslukçu

листоноша

postacı

професії - meslekler

солдат	архітектор	касир
asker	mimar	kasiyer

флорист	перукар	кондуктор
çiçekçi	kuaför	kondüktör

механік	капітан	дантист
tamirci	kaptan	dişçi

вчений	рабин	імам
bilim insanı	haham	imam

монах	пастор	
keşiş	rahip	

інструменти

aletler

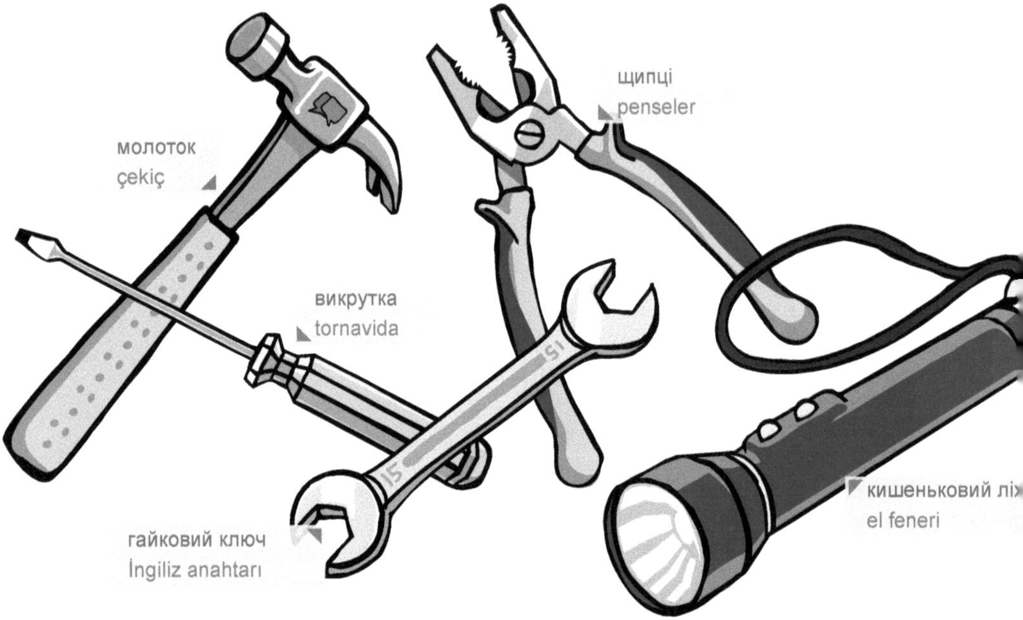
молоток
çekiç
щипці
penseler
викрутка
tornavida
гайковий ключ
İngiliz anahtarı
кишеньковий лі
el feneri

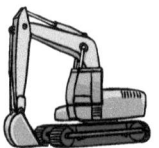

екскаватор

kazı makinesi

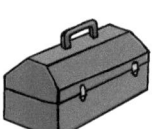

ящик для інструментів

alet çantası

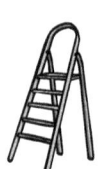

драбина

merdiven

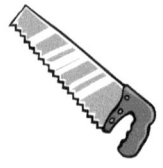

пилка

testere

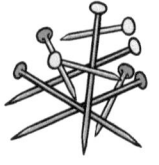

цвяхи

çiviler

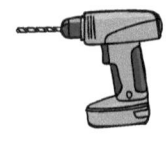

свердло

matkap

ремонтувати

tamir etmek

лопата

kürek

лайно!

Kahretsin!

совок

faraş

відро з фарбою

boya tenekesi

гвинти

vidalar

музичні інструменти
müzik enstrümanı

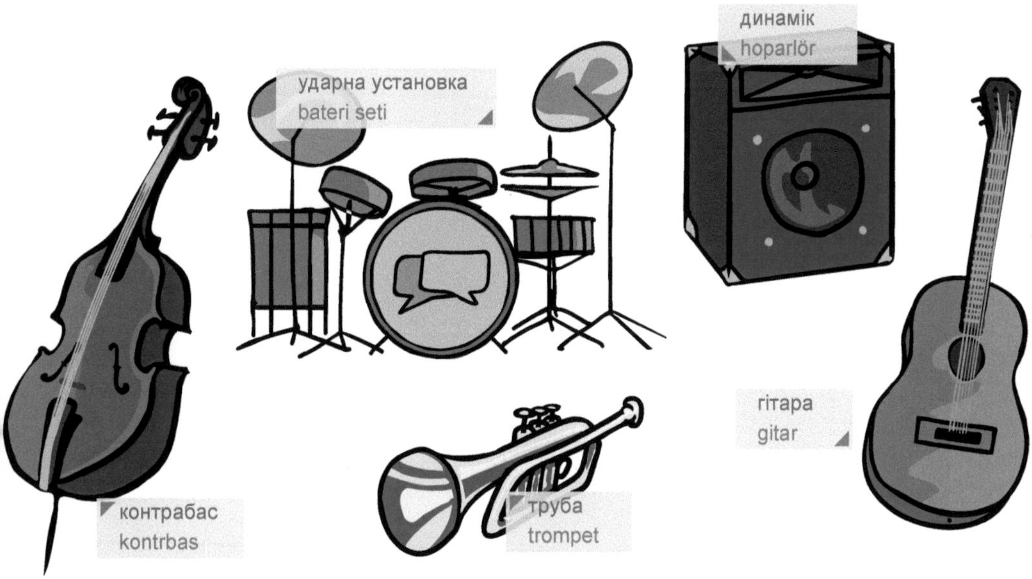

динамік
hoparlör

ударна установка
bateri seti

гітара
gitar

контрабас
kontrbas

труба
trompet

фортепіано

piyano

скрипка

keman

бас

basgitar

литаври

timpani

барабан

bateri

клавіатура

klavye

саксофон

saksafon

флейта

flüt

мікрофон

mikrofon

тигр
kaplan

вхід
giriş

клітка
kafes

зебра
zebra

корм
hayvan yemi

панда
panda

тварини
hayvanlar

слон
fil

кенгуру
kanguru

носоріг
gergedan

горила
goril

ведмідь
ауı

верблюд

deve

страус

deve kuşu

лев

aslan

мавпа

maymun

фламінго

flamingo

папуга

papağan

білий ведмідь

kutup ayısı

пінгвін

penguen

акула

köpek balığı

павич

tavus kuşu

змія

yılan

крокодил

timsah

працівник зоопарку

hayvanat bahçesi görevlisi

тюлень

fok

ягуар

jaguar

поні

midilli atı

леопард

leopar

гіпопотам

su aygırı

жираф

zürafa

орел

kartal

кабан

yaban domuzu

риба

balık

черепаха

kaplumbağa

морж

mors

лисиця

tilki

газель

ceylan

американський футбол
amerikan futbolu

їзда на велосипеді
bisiklete binme

теніс
tenis

баскетбол
basketbol

плавання
yüzme

бокс
boks

хокей
buz hokeyi

футбол
futbol

бадмінтон
badminton

легка атлетика
atletizm

гандбол
hentbol

лижні перегони
kayak

поло
polo

стрибати
atlamak

обіймати
sarılmak

сміятися
gülmek

йти
yürümek

співати
söylemek

мріяти
hayal etmek

молитися
dua etmek

цілувати
öpmek

писати

yazmak

малювати

çizmek

показувати

göstermek

тиснути

itmek

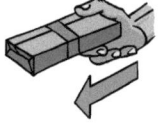

давати

vermek

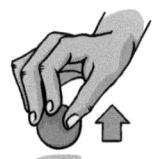

брати

almak

мати

sahip olmak

робити

yapmak

бути

olmak

стояти

ayakta durmak

бігати

koşmak

тягнути

çekmek

кидати

atmak

падати

düşmek

лежати

yalan söylemek

очікувати

beklemek

носити

taşımak

сидіти

oturmak

одягати

giyinmek

спати

uyumak

просипатися

uyanmak

дивитися

bakmak

плакати

ağlamak

гладити

vurmak

розчісувати

taramak

розмовляти

konuşmak

розуміти

anlamak

питати

sormak

слухати

dinlemek

пити

içmek

їсти

yemek

прибирати

düzenlemek

любити

sevmek

варити

pişirmek

їхати

sürmek

літати

uçmak

йти під вітрилом

denize açılmak

рахувати

hesapla

читати

okumak

вчитися

öğrenmek

працювати

çalışmak

одружуватися

evlenmek

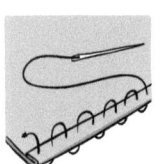

шити

dikmek

чистити зуби

diş fırçalamak

убивати

öldürmek

курити

sigara içmek

посилати

yollamak

бабуся
büyükanne

дідуся
büyükbaba

батько
baba

мати
anne

немовля
bebek

донька
kız

син
oğul

гість

misafir

тітка

teyze

дядько

amca

брат

erkek kardeş

сестра

kız kardeş

тіло
vücut

чоло
alın
око
göz
плече
omuz
палець
parmak
обличчя
yüz
підборіддя
çene
кисть
el
нога
bacak
груди
göğüs
рука
kol

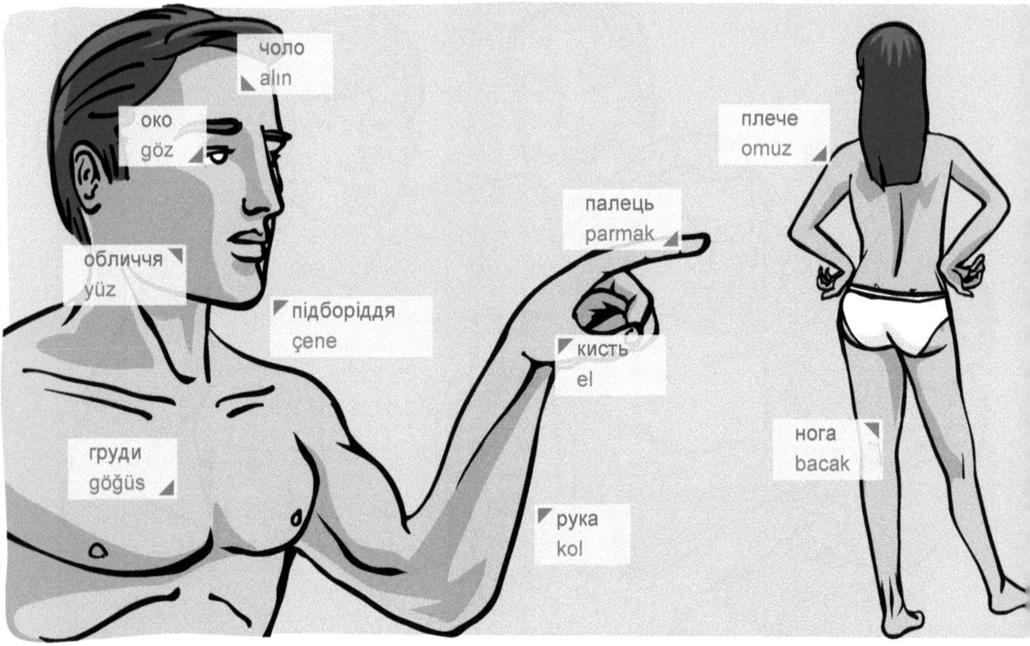

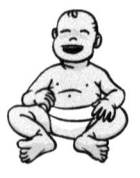

немовля
bebek

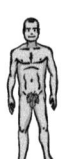

чоловік
adam

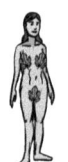

жінка
kadın

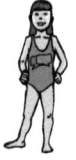

дівчина
kız

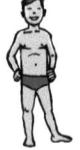

хлопчик
erkek çocuk

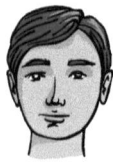

голова
baş

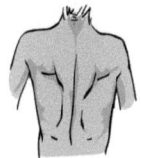

спина

sırt

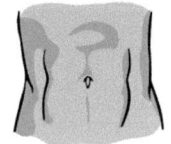

живіт

karın

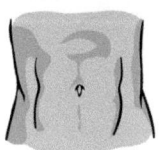

пуп

göbek

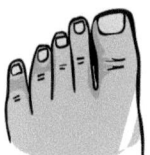

палець ноги

ayak parmağı

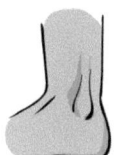

п'ята

topuk

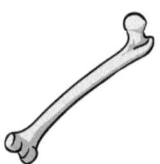

кістка

kemik

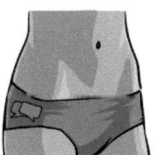

стегно

kalça

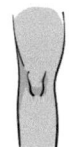

коліно

diz

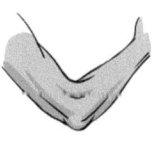

лікоть

dirsek

ніс

burun

сідниці

kalça

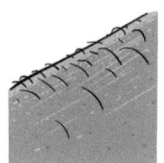

шкіра

deri

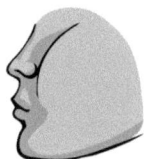

щока

yanak

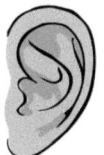

вухо

kulak

губа

dudak

тіло - vücut

рот

ağız

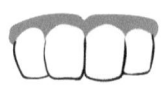

зуб

diş

язик

dil

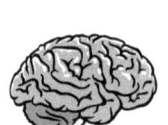

мозок

beyin

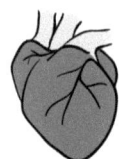

серце

kalp

м'яз

kas

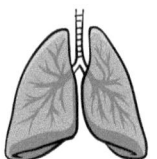

легені

akciğer

печінка

karaciğer

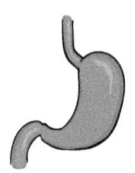

шлунок

mide

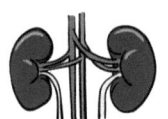

нирки

böbrekler

статевий акт

seks

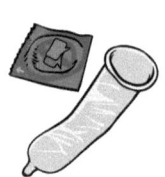

презерватив

prezervatif

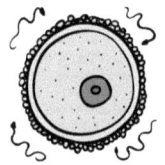

яйцеклітина

yumurtalık

сперма

sperm

вагітність

hamilelik

тіло - vücut

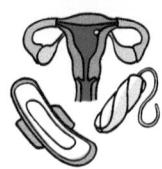

менструація
....
regl

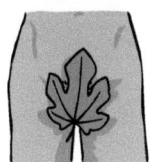

вагіна
....
vajina

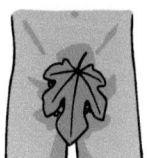

пеніс
....
penis

брова
....
kaş

волосся
....
saç

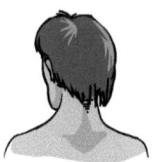

шия
....
boyun

лікарня
hastane

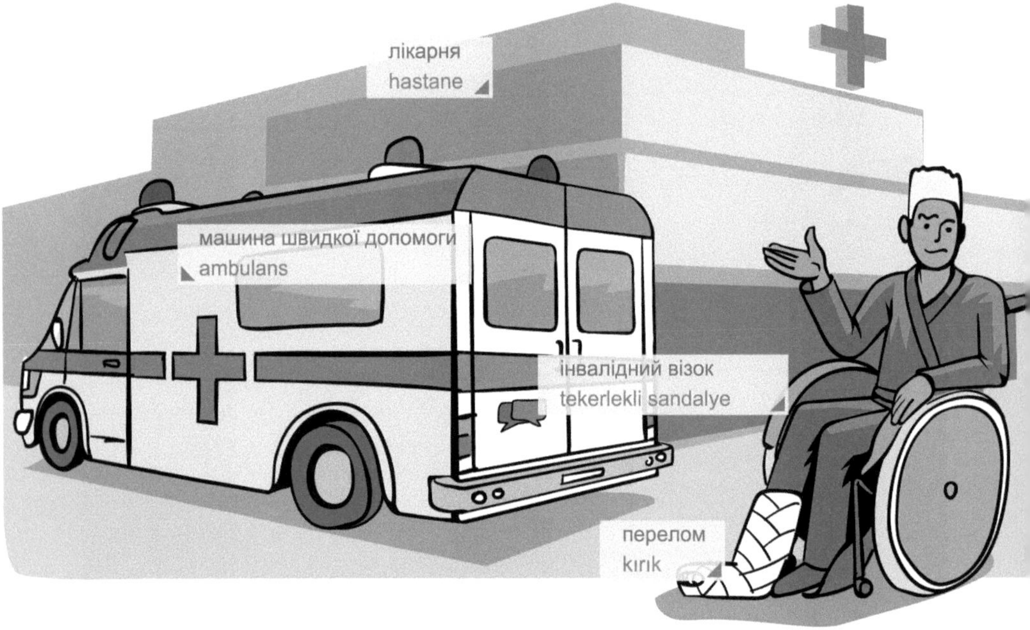

лікарня
hastane
машина швидкої допомоги
ambulans
інвалідний візок
tekerlekli sandalye
перелом
kırık

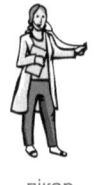

лікар

doktor

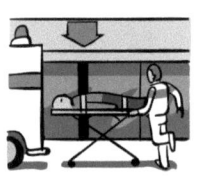

відділення швидкої медичної допомоги

acil servis

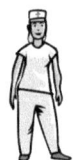

медсестра

hemşire

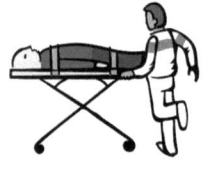

аварійний випадок

acil

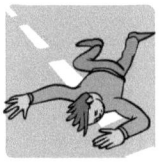

непритомний

baygın

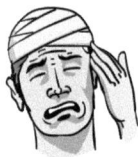

біль

acı

травма

yaralanma

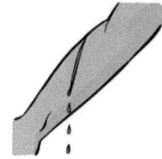

кровотеча

kanama

інфаркт

kalp krizi

інсульт

felç

алергія

alerji

кашель

öksürük

лихоманка

ateş

грип

grip

пронос

ishal

головна біль

baş ağrısı

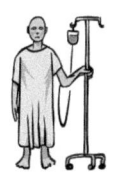

рак

kanser

діабет

şeker hastalığı

хірург

cerrah

скальпель

neşter

операція

operasyon

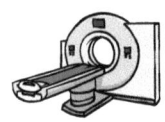

КТ

bilgisayarlı tomografi

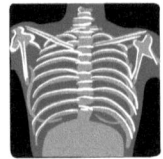

рентген

röntgen

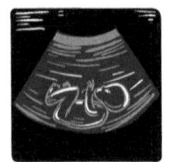

ультразвук

ultrason

маска

yüz maskesi

хвороба

hastalık

зал очікування

bekleme odası

милиця

koltuk değneği

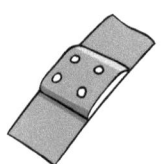

пластир

yara bandı

пов'язка

bandaj

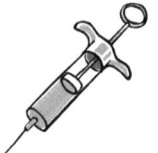

ін'єкція

enjeksiyon

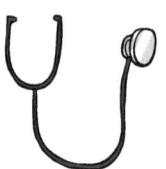

стетоскоп

steteskop

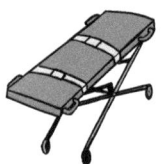

ноші

sedye

термометр

tıbbi termometre

народження

doğum

надмірна вага

fazla kilo

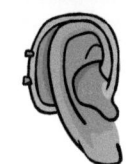

слуховий апарат

işitme cihazı

дезінфікуючий засіб

dezenfektan

інфекція

enfeksiyon

вірус

virüs

ВІЛ / СНІД

HIV / AIDS

медицина

ilaç

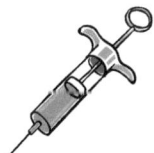

вакцинація

aşı

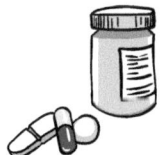

таблетки

tablet

протизаплідна пігулка

hap

екстрений виклик

acil çağrı

тонометр

tansiyon aleti

хворий / здоровий

hasta / sağlıklı

Допоможіть!

İmdat!

сигнал тривоги

alarm

напад

darp

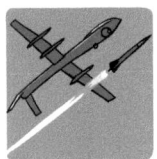

атака

saldırı

небезпека

tehlike

аварійний вихід

acil çıkış

Вогонь!

Yangın!

вогнегасник

yangın tüpü

аварія

kaza

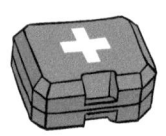

аптечка

ilk yardım çantası

СОС

imdat

поліція

polis

Європа

Avrupa

Північна Америка

Kuzey Amerika

Південна Америка

Güney amerika

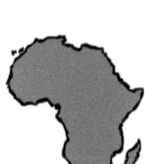

Африка

Afrika

Азія

Asya

Австралія

Avustralya

Атлантика

Atlantik

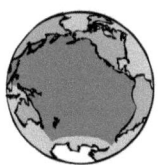

Тихий океан

Pasifik

Індійський океан

Hint Okyanusu

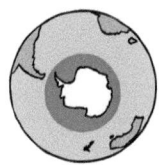

Антарктичний океан

Antarktika Okyanusu

Північний Льодовитий океан

Arktik Okyanusu

Північний полюс

Kuzey Kutbu

Південний полюс

Güney Kutbu

Антарктика

Antarktika

Земля

dünya

суша

kara

море

deniz

острів

ada

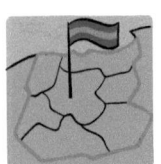

нація

ulus

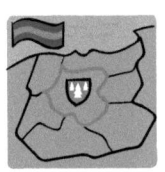

держава

ülke

циферблат

kadran

годинникова стрілка

akrep

хвилинна стрілка

yelkovan

секундна стрілка

saniye ibresi

Котра година?

Saat kaç?

день

gün

час

zaman

зараз

şimdi

цифровий годинник

dijital saat

хвилина

dakika

година

saat

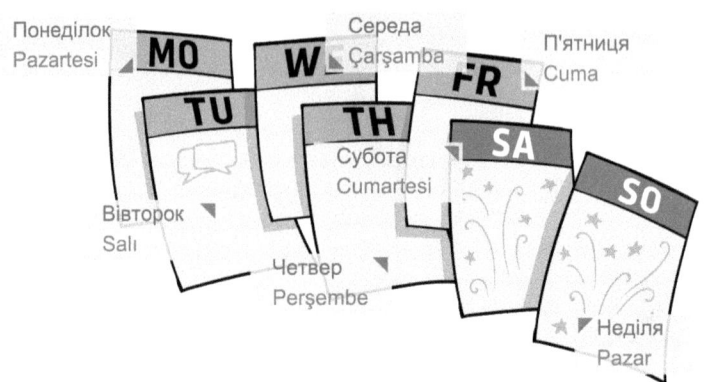

Понеділок
Pazartesi

Середа
Çarşamba

П'ятниця
Cuma

Вівторок
Salı

Четвер
Perşembe

Субота
Cumartesi

Неділя
Pazar

вчора

dün

сьогодні

bugün

завтра

yarın

ранок

sabah

опівдні

öğle

вечір

akşam

робочі дні

iş günleri

кінець робочого тижня

hafta sonu

рік

yıl

дощ
yağmur
веселка
gökkuşağı
вітер
rüzgar
сніг
kara
весна
bahar
осінь
sonbahar
літо
yaz
зима
kış

4.APRIL 11°
5.APRIL 4°
6.APRIL 13°
7.APRIL 8°
8.APRIL 10°

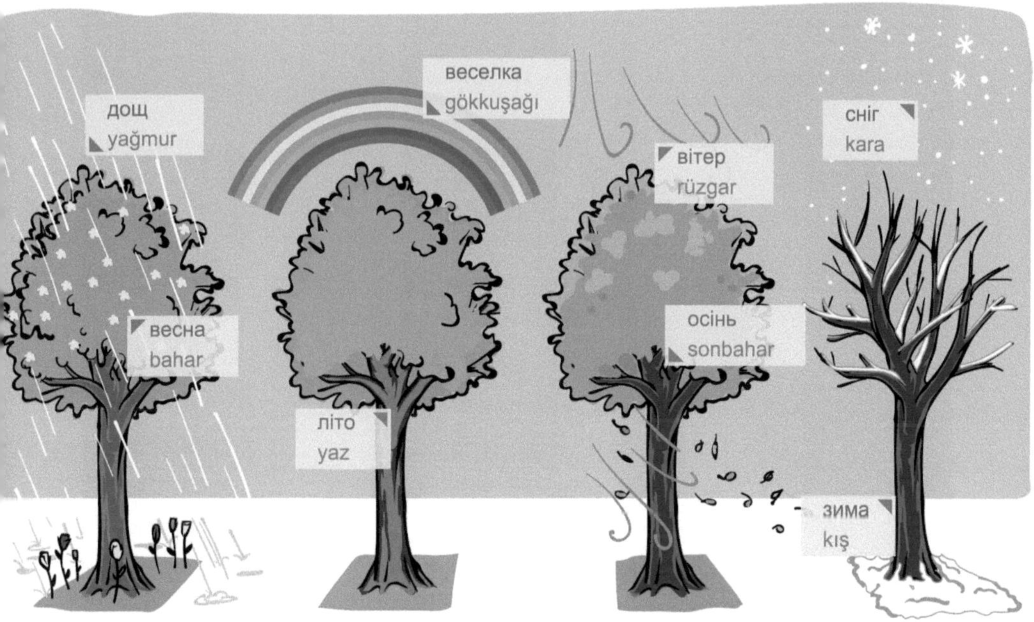

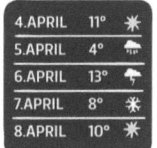

прогноз погоди

hava durumu tahmini

F C
120 40
90 30
60 20
30 10
0 0
-30 -10
-20

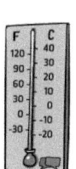

термометр

termometre

сонячне світло

güneş ışığı

хмара

bulut

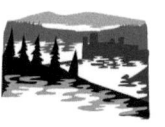

туман

sis

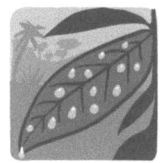

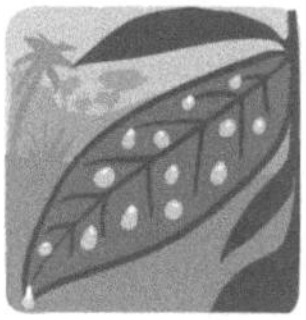

вологість повітря

nem

блискавка

şimşek

грім

gök gürültüsü

шторм

fırtına

град

dolu

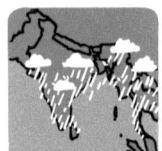

мусон

muson

повінь

sel

лід

buz

Січень

Ocak

Лютий

Şubat

Березень

Mart

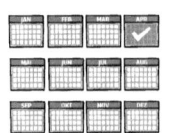

Квітень

Nisan

Травень

Mayıs

Червень

Haziran

Липень

Temmuz

Серпень

Ağustos

рік - yıl

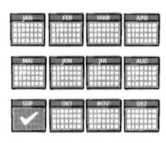

Вересень

Eylül

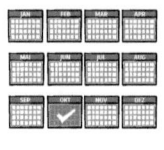

Жовтень

Ekim

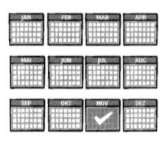

Листопад

Kasım

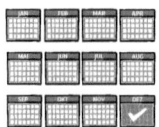

Грудень

Aralık

форми
şekiller

круг

daire

квадрат

kare

прямокутник

dikdörtgen

трикутник

üçgen

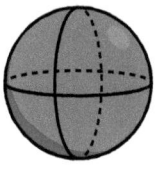

куля

küre

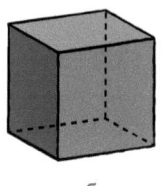

куб

küp

білий

beyaz

жовтий

sarı

помаранчевий

turuncu

рожевий

pembe

червоний

kırmızı

фіолетовий

mor

синій

mavi

зелений

yeşil

коричневий

kahverengi

сірий

gri

чорний

siyah

багато / мало

çok / az

лютий / мирний

kızgın / sakin

гарний / бридкий

güzel / çirkin

початок / кінець

başlangıç / son

великий / малий

buyuk / küçük

світлий / темний

parlak / karanlık

брат / сестра

erkek kardeş / kız kardeş

чистий / брудний

temiz / kirli

завершений / незавершений

tamam / eksik

день / ніч

gün / gece

мертвий / живий

ölü / canlı

широкий / вузький

geniş / dar

їстівний / неїстівний

yenilebilir / yenilemez

злий / дружній

kötü / iyi

збуджений / нудьгуючий

heyecanlı / sıkılmış

товстий / тонкий

şişman / zayıf

спочатку / востаннє

ilk / son

друг / ворог

dost / düşman

повний / порожній

dolu / boş

жорсткий / м'який

sert / yumuşak

важкий / легкий

ağır / hafif

голод / спрага

açlık / susuzluk

хворий / здоровий

hasta / sağlıklı

незаконний / законний

yasa dışı / yasal

розумний / дурний

zeki / aptal

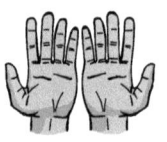

вліво / вправо

sol / sağ

поруч / далеко

yakın / uzak

новий / використаний

yeni / kullanılmış

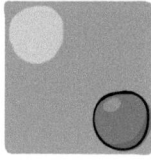

нічого / щось

hiçbir şey / bir şey

старий / молодий

yaşlı / genç

вкл / викл

açma / kapama

відкрито / закрито

açık / kapalı

тихо / гучно

sessiz / gürültülü

багатий / бідний

zengin / fakir

правильно / неправильно

doğru / yanlış

шорсткий / гладкий

pürüzlü / düz

сумний / щасливий

üzgün / mutlu

короткий / довгий

kısa / uzun

повільно / швидко

yavaş / hızlı

вологий / сухий

ıslak / kuru

гарячий / холодний

sıcak / serin

війна / мир

savaş / barış

0

нуль
sıfır

1

один
bir

2

два
iki

3

три
üç

4

чотири
dört

5

п'ять
beş

6

шість
altı

7

сім
yedi

8

вісім
sekiz

9

дев'ять
dokuz

10

десять
on

11

одинадцять
on bir

12

дванадцять

on iki

13

тринадцять

on üç

14

чотирнадцять

on dört

15

п'ятнадцять

on beş

16

шістнадцять

on altı

17

сімнадцять

on yedi

18

вісімнадцять

on sekiz

19

дев'ятнадцять

on dokuz

20

двадцять

yirmi

100

сто

yüz

1.000

тисяча

bin

1.000.000

мільйон

milyon

англійська

Іngilizce

американська англійська

Amerikan İngilizcesi

китайська
високочиновницька

Çince (Mandarin)

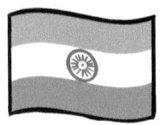

хінді

Hintçe

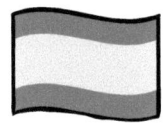

іспанська

İspanyolca

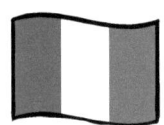

французька

Fransızca

арабська

Arapça

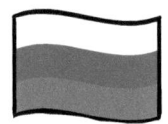

російська

Rusça

португальська

Portekizce

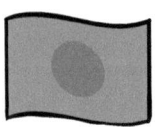

бенгальська

Bengalce

німецька

Almanca

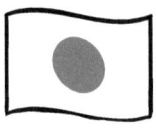

японська

Japonca

я

ben

ти

sen

він / вона / воно

o

ми

biz

ви

siz

вони

onlar

хто?

kim?

що?

ne?

як?

nasıl?

де?

nerede?

коли?

ne zaman?

ім'я

isim

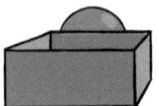

ззаду

arkasında

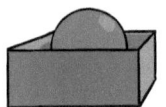

в

içinde

перед

önünde

над

üzerinde

на

üstünde

під

altında

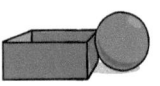

біля

yanında

між

arasında

місце

yer